Pri Ferrari

COISA DE MENINA

Companhia das Letrinhas

Copyright do texto e das ilustrações © 2016 by Pri Ferrari

Grafia atualizada segundo o Acordo Ortográfico da Língua
Portuguesa de 1990, que entrou em vigor no Brasil em 2009.

Revisão
THAÍS TOTINO RICHTER
ADRIANA MOREIRA PEDRO

Lettering do título
PHELLIPE WANDERLEY

Tratamento de imagem
M GALLEGO • STUDIO DE ARTES GRÁFICAS

Dados Internacionais de Catalogação na Publicação (CIP)
(Câmara Brasileira do Livro, SP, Brasil)

Ferrari, Pri
    Coisa de menina / Pri Ferrari — 1ª ed. — São Paulo :
Companhia das Letrinhas, 2016.

    ISBN 978-85-7406-730-8

    1. Literatura infantojuvenil I. Título.

16-05837   CDD-028.5

Índices para catálogo sistemático:
1. Literatura infantil 028.5
2. Literatura infantojuvenil 028.5

2016
Todos os direitos desta edição reservados à
EDITORA SCHWARCZ S.A.
Rua Bandeira Paulista, 702, cj. 32
04532-002 — São Paulo — SP — Brasil
Telefone: (11) 3707-3500
Fax: (11) 3707-3501
www.companhiadasletrinhas.com.br
www.blogdacompanhia.com.br

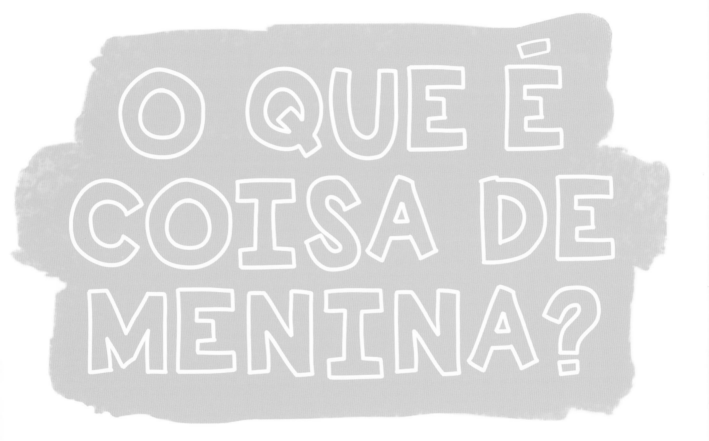

O QUE É COISA DE MENINA?

Meninas gostam de

VOAR.

Elas pilotam aviões, dragões
e até unicórnios.

Tem menina que adora arqueologia. Estuda o  PASSADO e todas as criaturas e civilizações que habitaram a Terra.

Meninas estão no

ESPORTE.

Elas treinam muito e batem recordes
de velocidade, precisão e força.

Meninas são

de cozinha. Elas fazem pratos dos mais chiques aos mais divertidos.

Algumas meninas gostam de escalar

MONTANHAS

e chegar no pico mais alto do mundo, onde dá até pra tocar as nuvens.

Existem meninas que são

MÉDICAS.

Elas ajudam a tratar
e curar outras pessoas.

Tem menina que é

ASTRONAUTA

e realmente vive no mundo da lua.

Meninas são

CRIATIVAS.

Elas desenham, inventam
e amam histórias sobre sabres
de luz, anéis mágicos, escolas
de bruxaria e super-heróis.

Meninas fazem

MÚSICA.

Elas são incríveis tanto
na música clássica
quanto no rock 'n' roll.

Algumas meninas são apaixonadas por

MECÂNICA.

Elas consertam motos e
viajam em busca de liberdade.

Tem menina que gosta de

VIDEO GAME.

Domina territórios, atravessa labirintos
e passa as fases mais difíceis.

Já outras meninas são

EMPREENDEDORAS.

Elas têm boas ideias, comandam equipes e bolam negócios de sucesso.

Meninas são

QUÍMICAS.

Elas criam novos produtos
e trabalham com materiais
sólidos, líquidos e gasosos.

Algumas meninas amam

AVENTURA.

Elas mergulham até o fundo do mar e conhecem criaturas fascinantes, como as baleias.

Meninas constroem

CIDADES.

Arquitetam parques, esboçam
museus, projetam escolas.
Tijolo por tijolo, erguem casas.

Muitas meninas são

CORAJOSAS.

Elas se arriscam diariamente para apagar incêndios e salvar vidas.

Algumas meninas gostam de

MOVIMENTO.

Amam fazer parte da cidade e ajudar as pessoas a chegarem onde querem.

Meninas são

FORTES.

Elas lutam bravamente contra o monstro mais feioso que podemos imaginar.

As meninas são

PODEROSAS.

Ocupam cargos importantes,
como de juízas, presidentas
e até rainhas.

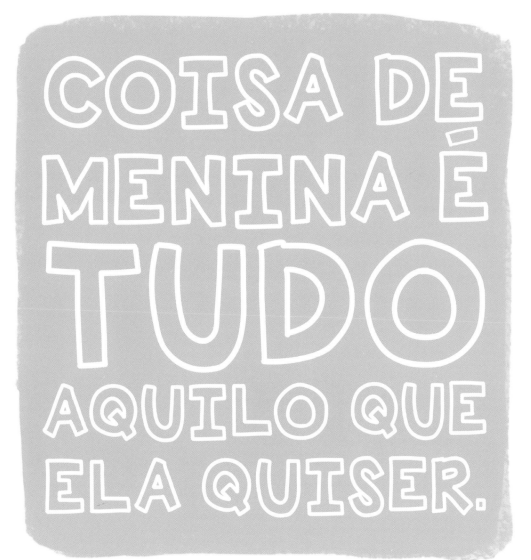

Agradecimentos

A primeira edição deste livro contou com o apoio de 250 pessoas, através da plataforma Catarse.

Amigos, familiares e muitos outros que compartilham a vontade de viver em um mundo mais justo e igualitário ajudaram este projeto a virar realidade.

A cada ajuda, a cada link compartilhado, a cada voz que engrossou o coro, a minha eterna gratidão.

Sobre a autora

Pri Ferrari tem 27 anos e é paulistana. Escreveu e ilustrou *Coisa de menina*, seu primeiro livro infantil. Acredita que o mundo pode ser um lugar melhor e está pronta para fazer a sua parte.

FSC
www.fsc.org

MISTO
Papel produzido
a partir de
fontes responsáveis
FSC® C101537

A marca FSC® é a garantia de que a madeira utilizada na fabricação do papel deste livro provém de florestas que foram gerenciadas de maneira ambientalmente correta, socialmente justa e economicamente viável, além de outras fontes de origem controlada.

Esta obra foi composta em Clairette e impressa pela RR Donnelley em ofsete sobre papel Couché Matte da Suzano Papel e Celulose para a Editora Schwarcz em outubro de 2016